itty-bitty Bible Activity Book

New Testament

Word Search Puzzles

Warner Press Kids™
educate • nurture • inspire
www.warnerpress.org

 Made in the USA

305800210000270

An Angel Appears to Joseph
Matthew 1:18-25

MOTHER	WIFE	HOME	IMMANUEL
MARY	RIGHTEOUS	SON	GOD WITH US
MARRIED	FATHER	JESUS	COMMANDED
JOSEPH	ANGEL	SAVE PEOPLE	BIRTH
HOLY SPIRIT	DREAM	FULFILL	NAME
HUSBAND	SON OF DAVID	PROPHET	

Y	I	M	M	P	M	A	R	Y	I	C	N	A	M	E
T	F	O	H	U	S	B	A	N	D	R	E	A	M	V
K	E	E	Q	F	U	L	F	I	L	L	C	V	A	C
H	O	L	Y	S	P	I	R	I	T	Y	I	E	R	O
J	U	Y	T	H	L	G	L	W	U	R	L	L	R	M
O	M	L	E	E	M	E	T	I	S	P	L	S	I	M
S	G	G	G	G	U	F	O	F	O	M	U	X	E	A
E	E	N	P	N	O	Z	A	E	N	O	U	L	D	N
P	A	J	A	R	T	D	P	T	E	T	U	Q	U	D
H	P	M	E	H	O	E	W	T	H	H	S	G	V	E
W	M	V	T	S	V	P	H	I	E	E	I	P	N	D
I	O	R	B	A	U	G	H	X	T	R	R	V	M	G
Q	I	A	S	U	I	S	H	E	A	H	O	M	E	Z
B	W	R	J	R	F	N	J	S	T	G	U	I	N	Y
C	S	O	N	O	F	D	A	V	I	D	F	S	U	W

(Answer on Page 42)

An Angel Visits the Temple

Luke 1:1-23

ZACHARIAS	CHILDLESS	JOHN	COULD NOT SPEAK
ELIZABETH	HOLY PLACE	SPIRIT	VISION
LORD	PRIEST	POWER	JUDAH
SAVIOR	ANGEL	GABRIEL	BELIEVED
LOVED	AFRAID	GOOD NEWS	PROMISE
SERVED	SON	TEMPLE	COUNTRY

S	C	P	R	I	E	S	T	O	N	X	U	H	A	Y
P	O	P	J	U	D	A	H	O	R	E	T	F	Q	K
I	U	Y	G	A	B	R	I	E	L	E	D	I	A	R
R	N	P	P	D	E	S	W	X	B	E	E	E	D	O
I	T	A	R	I	I	O	H	A	V	C	P	E	L	W
T	R	T	O	V	P	W	Z	E	A	S	V	A	O	T
X	Y	E	M	V	F	I	I	L	T	O	G	F	R	J
L	H	M	I	T	L	L	P	O	L	L	L	R	D	S
X	T	P	S	E	E	Y	N	S	E	N	P	A	A	E
D	R	L	E	B	L	D	N	G	O	S	N	I	B	R
S	L	E	L	O	L	Z	N	D	K	N	D	D	D	V
Y	J	E	H	U	Z	A	C	H	A	R	I	A	S	E
F	G	O	O	D	N	E	W	S	B	N	T	H	J	D
S	S	C	S	A	V	I	O	R	Q	B	J	O	H	N
J	I	R	C	H	I	L	D	L	E	S	S	L	D	U

(Answer on Page 42)

Gabriel Visits Mary

From Matthew 1:18-25 and Luke 1:26-56

GOD	JOSEPH	KING	EAGERLY
GABRIEL	CARPENTER	SURPRISED	WAITED
MARY	ANGEL	SON OF GOD	COMING
NAZARETH	FAVORED	BELIEVED	BABY JESUS
GALILEE	AFRAID	COUSIN ELIZABETH	
YOUNG WOMAN	A SON	HAPPY	
ENGAGED	JESUS	JOSEPH	

J	N	B	L	S	U	R	P	R	I	S	E	D	R	H
F	Q	A	F	G	C	O	M	I	N	G	F	O	T	N
V	N	U	Z	E	N	G	A	G	E	D	E	E	U	G
B	R	E	A	A	D	J	A	C	L	F	B	S	N	W
O	A	X	C	O	R	L	E	E	Y	A	B	I	I	V
L	B	B	G	A	E	E	I	S	Z	B	K	Y	T	G
V	E	K	Y	G	R	R	T	I	U	K	J	O	S	A
E	L	F	N	J	B	P	L	H	D	S	O	U	O	L
A	I	A	A	A	E	E	E	I	X	G	S	N	N	I
G	E	H	G	V	N	S	A	N	H	F	E	G	O	L
E	V	E	A	I	O	R	U	P	T	Y	P	W	F	E
R	E	W	S	P	F	R	E	S	R	E	H	O	G	E
L	D	U	O	A	P	S	E	A	Z	M	R	M	O	X
Y	O	K	N	X	O	Y	M	D	V	S	P	A	D	F
C	B	R	V	J	I	W	A	I	T	E	D	N	W	X

(Answer on Page 42)

A Wonderful Baby's Birth

From Luke 2:1-39

NAZARETH	TRAVELED	BORN	SEE THE SAVIOR
TRAVELERS	SOUTH	WRAPPED HIM	KNELT
ARRIVING	CROWDED	SOFT CLOTHS	WORSHIPED SAVIOR
BETHLEHEM	REST	MANGER	TOLD ALL
FAMILY OF DAVID	STABLE	SHEPHERDS	MESSIAH'S BIRTH
PEOPLE	BABY JESUS	HURRIED	SALVATION

Z	E	H	U	R	R	I	E	D	G	X	S	T	H	R
X	W	P	M	E	X	I	N	N	H	C	R	T	O	D
T	R	E	A	T	W	R	I	T	D	O	R	I	I	B
R	A	O	N	R	O	V	E	E	I	I	V	V	S	E
A	P	P	G	B	I	R	D	V	B	A	A	D	A	T
V	P	L	E	R	A	W	A	S	S	D	S	S	L	H
E	E	E	R	Z	O	S	H	D	F	S	D	E	V	L
L	D	A	A	R	E	A	E	O	R	R	L	I	A	E
E	H	N	C	H	I	P	Y	E	E	B	Y	V	T	H
D	I	H	T	S	I	L	L	H	A	L	J	K	I	E
G	M	E	S	H	I	E	P	T	F	L	Y	N	O	M
Z	E	E	S	M	V	E	S	O	U	T	H	E	N	R
S	M	R	A	A	H	C	T	O	L	D	A	L	L	E
D	O	F	R	S	S	O	F	T	C	L	O	T	H	S
W	V	T	J	B	A	B	Y	J	E	S	U	S	B	T

(Answer on Page 42)

The Visit of the Magi

Matthew 2:1-12

JESUS	WORSHIP HIM	SHEPHERD	GOLD
BETHLEHEM	CHRIST	ISRAEL	INCENSE
JUDEA	PROPHET	STAR	MYRRH
KING HEROD	JUDAH	SEARCH	WARNED
MAGI	LEAST	REPORT TO ME	DREAM
JERUSALEM	RULERS	OVERJOYED	

```
I X D L P S B E T H L E H E M
N T L R R H J E S U S G F J V
C Z E U O E I S R A E L M E Y
E M A L P P I T B H D I K R Q
N V S E H H K D L C H E X U G
S O T R E E R G G P M Z G S K
E V C S T R W X I O O S C A I
H E G A W D G H T E I M H L N
S R M J A A S T E E S Y R E G
T J A J V R R T V G E R I M H
A O G U O O U N W O A R S G E
R Y I W P W O Z E L R H T G R
P E G E U Q L Y X D C A J G O
V D R O V D R E A M H Z D Z D
L Y C L J U D E A J U D A H L
```


(Answer on Page 42)

Escape to Egypt

Matthew 2:13-18

ANGEL	HEROD	STAYED IN EGYPT	HEARD
APPEARED	SEARCHING	HEROD DIED	RAMAH
JOSEPH	KILL THE CHILD	FULFILLED	WEEPING
DREAM	MARY	PROPHET	MOURNING
ESCAPE	DURING NIGHT	JEREMIAH	BABY BOYS KILLED
EGYPT	LEFT	VOICE	

S	B	Q	W	N	Y	H	A	P	P	E	A	R	E	D
T	F	A	F	D	N	L	D	R	E	A	M	K	O	L
A	U	Q	B	V	L	L	E	F	T	N	V	I	S	N
Y	D	H	M	Y	P	R	O	P	H	E	T	L	E	E
E	K	U	Z	A	B	E	G	Y	P	T	J	L	A	J
D	R	G	R	C	R	O	S	T	E	P	O	T	R	E
I	A	M	H	I	E	Y	Y	G	P	Q	S	H	C	R
N	M	O	E	A	N	S	Q	S	S	V	E	E	H	E
E	A	U	R	W	N	G	C	D	K	O	P	C	I	M
G	H	R	O	E	V	G	N	A	A	I	H	H	N	I
Y	E	N	D	E	Q	A	E	I	P	C	L	I	G	A
P	A	I	D	P	M	T	W	L	G	E	J	L	X	H
T	R	N	I	I	N	I	B	W	K	H	B	D	E	P
G	D	G	E	N	H	E	R	O	D	O	T	M	F	D
F	J	W	D	G	A	F	U	L	F	I	L	L	E	D

(Answer on Page 42)

Return to Nazareth

Matthew 2:19-23

HEROD DIED
ANGEL
APPEARED IN DREAM
JOSEPH
GET UP
TAKE CHILD
TAKE MOTHER
ISRAEL
SON OF HEROD
JUDEA
AFRAID
GALILEE
NAZARETH
FULFILLED
PROPHETS
JESUS CALLED
NAZARENE

P	D	E	I	D	D	O	R	E	H	N	A	E	V	T
D	J	E	M	R	M	Q	J	T	I	N	P	W	S	A
I	U	L	P	I	G	C	A	D	O	A	P	L	T	K
A	W	I	J	G	V	K	D	O	G	Z	E	F	E	E
R	L	L	P	P	E	J	E	R	O	A	A	U	H	M
F	M	A	A	C	F	U	L	E	N	R	R	L	P	O
A	N	G	H	L	Q	D	L	H	A	E	E	F	O	T
B	Q	I	J	I	H	E	A	F	Z	N	D	I	R	H
R	L	L	C	O	A	A	C	O	A	E	I	L	P	E
D	A	V	K	R	K	J	S	N	R	H	N	L	W	R
Z	H	N	S	Y	V	O	U	O	E	X	D	E	P	H
F	L	I	G	K	G	S	S	S	T	M	R	D	B	M
U	P	U	T	E	G	E	E	Q	H	D	E	J	Y	I
R	V	P	F	L	L	P	J	L	N	A	A	R	E	F
Y	W	R	A	R	A	H	U	F	Q	X	M	G	D	F

(Answer on Page 43)

Jesus as a Boy

Luke 2:40-52

JESUS	SYNAGOGUE	JERUSALEM	BACK TO JERUSALEM
JOSEPH	READ AND WRITE	FIRST TIME	HUNTING FOR JESUS
WORK	STUDIED PSALMS	TWELVE	FOUND IN TEMPLE
CARPENTER	PROPHETS	GOD'S WORK	
RUN	MEMORIZED	ASKED QUESTIONS	
PLAY	SCRIPTURE	STARTED HOME	
TEMPLE	PASSOVER	JESUS LOST	

H	U	N	T	I	N	G	F	O	R	J	E	S	U	S
E	V	J	T	E	M	P	L	E	D	T	E	E	M	S
N	F	O	H	P	J	Y	V	E	S	M	L	L	N	K
S	I	S	T	S	A	O	Z	O	O	P	A	O	R	J
C	R	E	L	L	S	I	L	H	M	S	I	O	E	E
R	S	P	P	S	R	S	D	E	P	T	W	V	A	R
I	T	H	A	O	U	E	T	D	S	S	L	P	D	U
P	T	P	M	S	T	N	E	E	D	E	U	R	A	S
T	I	E	E	R	I	I	U	O	W	H	R	O	N	A
U	M	J	A	D	D	Q	G	T	Z	L	U	P	D	L
R	E	T	N	U	D	Z	Y	A	E	U	N	H	W	E
E	S	U	T	E	C	A	R	P	E	N	T	E	R	M
B	O	S	K	D	C	I	K	W	O	R	K	T	I	D
F	C	S	Y	N	A	G	O	G	U	E	S	S	T	B
B	A	C	K	T	O	J	E	R	U	S	A	L	E	M

(Answer on Page 43)

John Baptizes Jesus

From Mark 1:9-11

JESUS	BAPTIZING	GOD'S PLAN	VOICE SAID
THIRTY YEARS OLD	PEOPLE	BAPTIZE ME NOW	BELOVED SON
LEFT NAZARETH	LAMB OF GOD	JESUS BAPTIZED	WELL PLEASED
JORDAN RIVER	TAKES AWAY SIN	HEAVENS	
JOHN	GREATER	OPENED	
PREACHING	TO BAPTIZE	DOVE CAME	

R	P	B	A	P	T	I	Z	E	M	E	N	O	W	D
J	E	N	H	B	A	P	T	I	Z	I	N	G	L	H
N	E	T	L	B	E	L	O	V	E	D	S	O	N	J
D	P	S	S	E	G	G	S	P	E	I	S	S	T	O
O	L	D	U	D	F	N	R	S	E	R	E	Y	O	R
V	N	A	D	S	E	T	A	E	A	N	G	O	B	D
E	O	Y	M	V	B	E	N	E	A	N	E	N	A	A
C	L	I	A	B	L	A	Y	A	I	T	A	D	P	N
A	M	E	C	P	O	Y	P	H	Z	L	E	E	T	R
M	H	J	L	E	T	F	C	T	P	A	L	R	I	I
E	E	L	E	R	S	A	G	S	I	P	R	C	Z	V
N	E	R	I	S	E	A	D	O	O	Z	J	E	E	E
W	O	H	X	R	U	O	I	E	D	N	E	O	T	R
E	T	P	P	F	G	S	P	D	Q	E	R	D	H	H
S	H	T	A	K	E	S	A	W	A	Y	S	I	N	N

(*Answer on Page 43*)

Jesus Is Tempted

Matthew 4:1-11

WILDERNESS	JESUS	REFUSED	TEMPTATION
THINKING	WEAK	POWER	FAILED
PRAYING	HUNGRY	TRUSTED	ROOF
GOD	COMMAND	FATHER	JUMP OFF
FORTY DAYS	STONES	CARE FOR NEEDS	TRUST GOD
TEMPTER	BREAD	WORD OF GOD	

```
I C A R E F O R N E E D S K Y
T W I L D E R N E S S F H B I
U F A T H E R O O Z O N F D Y
C O M M A N D E Y O O P A K T
S T O N E S T U R I P W I Z R
T R U S T G O D T J N O L F U
T H E W O G S A A E C R E O S
H U R C J W T A C S F D D R T
I R T D U P U V F U F O L T E
N E U R M U J Z P S Q F I Y D
K F Z E P P R A Y I N G A D W
I U T P O W E R B M F O V A E
N S G W F B R E A D R D I Y A
G E O H F Y H U N G R Y I S K
K D D Q T E M P T E R N R F Z
```


(Answer on Page 43)

Twelve Apostles Chosen

Mark 3:13-19; Luke 6:12-16

JESUS
APPOINTED
TWELVE
APOSTLES
PREACH
AUTHORITY

DRIVE OUT DEMONS
SIMON PETER
JAMES
JOHN
ANDREW

PHILIP
BARTHOLOMEW
MATTHEW
THOMAS
JAMES ALPHAEUS
THADDAEUS

SIMON ZEALOT
JUDAS ISCARIOT
PRAYING
DISCIPLES
GOD
MOUNTAINSIDE

```
W E N C B A R T H O L O M E W
E V P P R E A C H S E L X O E
H B I S E L T S O P A K X R R
T N L Y T I R O H T U A Z W D
T H I S U T H A D D A E U S N
A O H A K T G P R A Y I N G A
M J P M A O O P F T W E L V E
A S N O M E D T U O E V I R D
S E M H R E T E P N O M I S I
E D E T N I O P P A Y A R K M
M P J A M E S A L P H A E U S
A B A E D I S N I A T N U O M
J U D A S I S C A R I O T A H
Y T O L A E Z N O M I S X S L
P J E S U S D I S C I P L E S
```

(Answer on Page 43)

The Beatitudes

Matthew 5:1-12 & Luke 6:17-26

BEATITUDES
CROWDS
MOUNTAIN
DISCIPLES
TAUGHT
BLESSED
POOR IN SPIRIT
KINGDOM OF HEAVEN
MOURN
COMFORTED
MEEK
INHERIT THE EARTH
HUNGER
THIRST
RIGHTEOUSNESS
FILLED
MERCIFUL
MERCY
PURE IN HEART
SEE GOD
PEACEMAKERS
CHILDREN OF GOD
PERSECUTED
HEAVEN

I	K	H	B	P	U	R	E	I	N	H	E	A	R	T
R	N	I	Q	A	W	E	H	U	N	G	E	R	Y	U
M	I	H	P	O	O	R	I	N	S	P	I	R	I	T
O	E	G	E	P	E	A	C	E	M	A	K	E	R	S
U	I	R	H	R	M	C	O	M	F	O	R	T	E	D
N	X	V	C	T	I	E	R	B	R	X	T	A	H	F
T	N	K	E	I	E	T	R	O	U	J	H	U	B	I
A	M	E	E	K	F	O	T	C	W	T	I	G	L	L
I	M	O	U	R	N	U	U	H	Y	D	R	H	E	L
N	S	E	E	G	O	D	L	S	E	O	S	T	S	E
D	I	S	C	I	P	L	E	S	N	E	T	R	S	D
K	I	N	G	D	O	M	O	F	H	E	A	V	E	N
B	E	A	T	I	T	U	D	E	S	V	S	R	D	S
W	I	P	E	R	S	E	C	U	T	E	D	S	T	L
C	H	I	L	D	R	E	N	O	F	G	O	D	A	H

(Answer on Page 43)

Salt and Light

Matthew 5:13-16

SALT	LIGHT	LAMP	HOUSE
EARTH	WORLD	UNDER	SHINE
SALTY	CITY	BOWL	DEEDS
GOOD	HILL	PUT	PRAISE
THROWN	CANNOT	STAND	FATHER
TRAMPLED	HIDDEN	GIVES	HEAVEN

S	X	A	Q	E	E	P	J	T	O	W	F	R	N	U
A	Z	Q	I	M	M	D	R	H	W	X	Q	E	X	J
L	E	J	D	A	N	A	N	Y	P	E	V	D	G	J
T	W	A	L	O	M	F	W	H	G	S	E	N	J	G
Y	M	D	T	P	O	X	O	L	I	I	H	U	J	C
M	T	L	L	L	W	G	R	X	F	D	V	I	L	S
C	C	E	G	Z	A	R	H	Q	Y	Y	D	E	N	O
I	D	E	O	P	A	S	T	R	R	M	J	E	S	E
T	T	O	N	N	A	C	F	E	R	H	N	D	N	E
Y	Z	U	D	E	E	D	S	H	L	E	E	Y	T	S
R	S	L	A	W	D	N	A	T	S	A	V	D	H	I
L	L	I	H	Y	H	I	X	A	E	R	A	L	O	A
J	A	T	H	G	I	L	G	F	Z	T	E	R	U	R
B	O	W	L	T	U	P	U	E	I	H	H	O	S	P
Z	B	H	W	K	W	H	C	W	P	B	V	W	E	I

(Answer on Page 44)

Jesus Talks to His Father

The Lord's Prayer

Matthew 6:9-13

FATHER	WILL	BREAD	DELIVER
HEAVEN	DONE	FORGIVE	EVIL
HALLOWED	EARTH	DEBTS	THINE
NAME	GIVE	DEBTORS	POWER
KINGDOM	DAY	LEAD	GLORY
COME	DAILY	TEMPTATION	AMEN

H	S	I	K	S	W	G	N	S	W	O	Y	H	T	U
A	I	G	E	F	O	J	D	J	N	D	N	N	Q	M
P	T	V	F	D	V	Z	C	Y	E	W	H	O	Z	A
N	I	K	N	E	E	P	C	B	M	L	L	I	W	B
L	K	I	D	L	N	F	T	N	A	M	E	T	L	W
W	L	N	E	I	I	S	I	F	Y	U	V	A	E	M
Q	W	G	W	V	H	X	I	O	U	R	Y	T	A	C
D	X	D	O	E	T	F	X	R	M	E	L	P	D	H
E	M	O	L	R	S	A	E	G	Y	W	I	M	Y	E
B	R	M	L	S	Y	T	N	I	C	O	A	E	A	A
T	E	W	A	Q	R	H	O	V	J	P	D	T	D	V
O	V	S	H	Q	O	E	D	E	H	A	H	F	L	E
R	C	O	M	E	L	R	V	Z	E	J	L	K	D	N
S	I	B	C	K	G	H	T	R	A	E	O	M	G	G
L	C	D	J	E	G	P	B	E	V	I	G	P	L	Y

(Answer on Page 44)

New Testament Cities
in Jesus' Time

BETHLEHEM	SAMARIA	KORAZIN	PELIA
BETHANY	CAPERNAUM	BETHSAIDA	SALIM
EMMAUS	CANA	MAGDALA	AENON
JERUSALEM	NAZARETH	SCYTHOPOLIS	LEBONAH
JERICHO	TIBERIAS	PTOLEMAIS	HEBRON
SYCHAR	NAIN	ACHAERUS	BEERSHEBA

C Y F R A H T E R A Z A N Q C
A T K A V A D I A S H T E B P
P A O C S R A L A D G A M V N
E I R H Y N S I A M E L O T P
R R A A C T I B E R I A S S R
N A Z E H W X L B V B H I H H
A M I R A I A E U N G L G A E
U A N U R S T B C V O U D N B
M S T S U H S R E P G A Y O R
B K G R A A E R O H N P V B O
P N E N L M A H B A S I Q E N
E J Y I M E T N C I I R M L W
L P M A N Y I R L X L M E B F
I G U O C A M E H E L H T E B
A S N S N I J E R I C H O B B

(Answer on Page 44)

Parables Jesus Told

Matthew, Mark, Luke

LAMP	WEEDS	WORKERS	TEN VIRGINS
WISE BUILDER	MUSTARD SEED	TWO SONS	TALENTS
NEW CLOTH	HIDDEN TREASURE	TENANTS	SHEEP AND GOATS
OLD COAT	PEARL	WEDDING BANQUET	GOOD SAMARITAN
NEW WINE	NET	FIG TREE	LOST COIN
SOWER	LOST SHEEP	WISE SERVANT	PRODIGAL SON

N	A	T	I	R	A	M	A	S	D	O	O	G	W	V
W	I	S	E	B	U	I	L	D	E	R	H	R	E	Q
I	W	E	E	D	S	T	A	L	E	N	T	S	D	X
W	C	L	O	S	T	C	O	I	N	C	D	I	D	L
I	E	R	U	S	A	E	R	T	N	E	D	D	I	H
S	T	R	E	W	O	S	N	J	E	Z	N	Z	N	T
E	E	E	R	T	G	I	F	S	C	E	A	T	G	E
S	N	F	U	C	D	R	D	U	W	A	S	A	B	N
E	A	I	E	G	N	R	U	W	R	F	X	O	A	V
R	N	O	S	L	A	G	I	D	O	R	P	C	N	I
V	T	D	H	T	P	N	P	E	A	R	L	D	Q	R
A	S	H	S	N	E	W	C	L	O	T	H	L	U	G
N	Y	U	S	R	E	K	R	O	W	P	M	O	E	I
T	M	T	B	Q	H	S	N	O	S	O	W	T	T	N
D	L	O	S	T	S	H	E	E	P	M	A	L	J	S

(*Answer on Page 44*)

Healing Miracles

Performed by Jesus

Matthew, Mark, Luke & John

LEPROSY	GREAT FAITH	ALL POSSIBLE	DEAF MAN
BE CLEAN	FEVER	BELIEVES	EARS OPENED
CENTURION	PARALYTIC	SHRIVELED HAND	POSSESSED
SERVANT	SINS FORGIVEN	RESTORED	DEMON CAME OUT
PARALYZED	BOY	BLIND BARTIMAEUS	SON LIVES
JESUS HEALED	CONVULSIONS		RAISED TO LIFE

S	I	N	S	F	O	R	G	I	V	E	N	Y	T	R
U	H	M	E	A	R	S	O	P	E	N	E	D	A	A
E	C	R	E	L	B	I	S	S	O	P	L	L	A	I
A	I	S	I	C	O	N	V	U	L	S	I	O	N	S
M	T	O	V	V	Y	O	B	N	D	J	J	B	D	E
I	Y	N	K	B	E	L	I	E	V	E	S	E	E	D
T	L	L	F	O	I	L	Z	R	S	M	S	C	A	T
R	A	I	E	A	P	Y	E	U	H	S	E	L	F	O
A	R	V	V	F	L	S	S	D	E	D	R	E	M	L
B	A	E	E	A	T	H	J	S	H	R	V	A	A	I
D	P	S	R	O	E	P	S	T	F	A	A	N	N	F
N	Y	A	R	A	N	O	I	R	U	T	N	E	C	E
I	P	E	L	E	P	R	O	S	Y	V	T	D	P	G
L	D	E	H	Y	G	R	E	A	T	F	A	I	T	H
B	D	E	M	O	N	C	A	M	E	O	U	T	M	P

(Answer on Page 44)

Jesus' Power Over Nature

Matthew, Mark, Luke, John

TAX OWED	LUNCH TIME	SEVEN BASKETS	SCARED
PETER FISHED	SEVEN LOAVES	LEFTOVER	WOKE JESUS
MONEY IN FISH	DISCIPLES	GOT IN BOAT	REBUKED WIND
JESUS	FOUR THOUSAND FED	FELL ASLEEP	CALM
WALKED ON WATER	PEOPLE ATE	SWAMPED	WATER INTO WINE
LARGE CROWD	SATISFIED	GREAT DANGER	

C	A	L	M	L	A	R	G	E	C	R	O	W	D	T
C	W	R	E	B	U	K	E	D	W	I	N	D	S	E
F	O	U	R	T	H	O	U	S	A	N	D	F	E	D
S	K	P	E	O	P	L	E	A	T	E	W	P	V	P
E	E	D	I	S	C	I	P	L	E	S	K	E	E	S
V	J	S	W	A	M	P	E	D	R	I	F	T	N	W
E	E	C	S	A	T	I	S	F	I	E	D	E	B	G
N	S	G	R	E	A	T	D	A	N	G	E	R	A	O
L	U	N	C	H	T	I	M	E	T	I	K	F	S	T
O	S	T	A	X	O	W	E	D	O	W	P	I	K	I
A	L	E	F	T	O	V	E	R	W	Q	S	S	E	N
V	M	O	N	E	Y	I	N	F	I	S	H	H	T	B
E	S	C	A	R	E	D	S	Q	N	S	V	E	S	O
S	F	E	L	L	A	S	L	E	E	P	Y	D	R	A
W	A	L	K	E	D	O	N	W	A	T	E	R	C	T

(Answer on Page 44)

Jesus' Ministry around Galilee

Matthew, Mark, Luke, John

FIRST WILL BE LAST
BE AT PEACE
CHILDREN COME
RICH YOUNG MAN
JESUS
EATS
SINNERS
SICK NEED DOCTOR
NOT HEALTHY
WORKERS FEW
HARVEST GREAT
REPENT
WOE TO YOU
WEARY COME TO ME
I AM GENTLE
BELIEVE IN GOD
I AM
BREAD OF LIFE
ETERNAL LIFE

M	J	P	D	W	B	A	Q	S	I	N	N	E	R	S
A	E	K	J	E	Z	B	E	A	T	P	E	A	C	E
I	S	I	J	A	E	Y	O	K	N	W	W	R	P	Y
A	U	D	B	R	E	A	D	O	F	L	I	F	E	Y
M	S	I	W	Y	T	N	E	P	E	R	S	M	L	J
G	R	O	T	C	O	D	D	E	E	N	K	C	I	S
E	H	N	W	O	R	K	E	R	S	F	E	W	C	N
N	E	N	A	M	G	N	U	O	Y	H	C	I	R	N
T	S	A	L	E	B	L	L	I	W	T	S	R	I	F
L	E	V	Q	T	U	O	Y	O	T	E	O	W	B	Y
E	E	E	M	O	C	N	E	R	D	L	I	H	C	I
J	A	O	C	M	N	O	T	H	E	A	L	T	H	Y
L	T	T	A	E	R	G	T	S	E	V	R	A	H	C
W	S	O	E	F	I	L	L	A	N	R	E	T	E	R
Y	K	B	E	L	I	E	V	E	I	N	G	O	D	B

(Answer on Page 45)

Jesus' Cares for His Friends

Matthew, Mark, Luke, John

ZACCHAEUS
NICODEMUS
JUDAS
JOSEPH, ARAMATHEA
MARTHA
MARY

LAZARUS
JOHN
PETER
THOMAS
MARK
MATTHEW

SIMON, ZEALOT
JAMES
BARTHOLOMEW
LUKE
THADDAEUS
ANDREW

JAMES, ALPHAEUS
PHILIP
GOD
JOHN BAPTIST
MARY MAGDALENE
THE CHILDREN

J	U	L	A	Z	A	R	U	S	L	U	K	E	T	W
O	W	J	T	X	M	D	E	A	N	R	I	O	S	C
S	Z	O	H	T	A	P	T	H	C	Y	L	U	E	S
E	A	H	A	H	T	V	O	E	R	A	E	N	U	H
P	C	N	D	O	T	J	M	A	E	A	E	M	N	B
H	C	B	D	M	H	Y	M	Z	H	L	E	E	Y	A
A	H	A	A	A	E	E	N	P	A	D	R	E	G	R
R	A	P	E	S	W	O	L	D	O	D	P	E	O	T
A	E	T	U	Z	M	A	G	C	L	A	E	E	D	H
M	U	I	S	I	S	A	I	I	H	P	T	A	J	O
A	S	S	S	E	M	N	H	T	K	U	E	N	U	L
T	O	T	M	Y	N	C	R	R	Q	U	R	D	D	O
H	K	A	R	D	E	A	A	H	H	B	X	R	A	M
E	J	A	T	H	M	M	W	I	J	A	M	E	S	E
A	M	Q	T	P	H	I	L	I	P	C	V	W	H	W

(Answer on Page 45)

The Names of Jesus
The Bible

LAMB	GOD	CONSOLATION	PROPHET
BRIDEGROOM	SON	WORD	SHEPHERD
JEWS	LIGHT	MASTER	JESUS
DAVID	LIFE	RESURRECTION	DOOR
RABBI	VINE	EMMANUEL	BREAD

O	V	F	O	U	L	T	G	E	N	R	V	I	S	L
M	B	Y	R	W	A	A	O	O	O	J	R	O	O	D
P	U	T	L	P	O	J	D	P	I	I	B	B	A	R
X	R	E	S	U	R	R	E	C	T	I	O	N	S	B
A	A	H	M	Z	B	B	D	O	A	T	H	G	I	L
Y	F	P	P	K	Q	R	J	S	L	B	D	I	C	B
K	D	O	X	Z	I	E	C	U	O	C	A	L	A	R
X	P	R	L	T	W	A	O	S	S	K	V	I	U	I
N	H	P	I	S	P	D	N	E	N	J	I	F	W	D
N	E	E	T	E	N	I	V	J	O	W	D	E	C	E
F	O	P	H	P	M	E	P	J	C	K	I	R	L	G
V	U	S	B	O	H	D	R	E	H	P	E	H	S	R
W	A	Z	E	M	M	A	N	U	E	L	A	M	P	O
N	B	M	A	L	M	A	S	T	E	R	O	T	M	O
P	D	W	Y	M	Q	Z	U	Y	K	N	I	D	S	M

(*Answer on Page 45*)

Jesus' Teachings
From the Gospels

ASK	GATE	KNOCK	RICH
BARREN FIG TREE	GIVE	LAMP	SEEK
COST	GREAT	LAW	TREASURE
EYE	HEAVEN	LOVE ENEMY	NARROW
FAITH	HOUSE ON ROCK	PRAYER	WIDE
FASTING	JUDGING	REST	

P	X	F	A	C	G	L	A	M	P	A	F	N	R	V
R	Q	F	J	R	B	I	V	X	L	S	J	H	W	B
A	R	A	T	C	A	B	V	J	O	K	O	O	A	J
Y	Z	S	V	G	R	J	O	E	V	F	Q	U	D	A
E	E	T	J	Q	R	L	H	W	E	K	H	S	E	G
R	L	I	P	J	E	K	G	C	E	J	N	E	Y	A
T	A	N	G	J	N	J	C	O	N	N	R	O	E	T
R	W	G	E	X	F	U	P	S	E	A	I	N	K	E
E	O	F	K	I	I	D	M	T	M	R	C	R	L	A
A	B	A	F	H	G	G	D	N	Y	R	H	O	O	B
S	G	I	A	E	T	I	Q	L	R	O	T	C	R	Z
U	R	T	E	A	R	N	L	K	E	W	Z	K	Z	T
R	E	H	G	V	E	G	E	G	J	U	D	V	N	K
E	A	T	H	E	E	E	K	Z	W	I	D	E	F	Q
N	T	X	D	N	S	X	K	N	O	C	K	A	Y	D

(*Answer on Page 45*)

Jesus Predicts His Death & Resurrection Three Times

Luke 9:22, Luke 9:43, Luke 18:31-34

SON OF MAN	KILLED	EVERYTHING	MOCK
SUFFER	THIRD DAY	WRITTEN	INSULT
REJECTED	RAISED TO LIFE	PROPHETS	SPIT
ELDERS	BETRAYED	FULFILLED	FLOG
CHIEF PRIESTS	TWELVE	HANDED OVER	DISCIPLES
TEACHERS OF LAW	JERUSALEM	GENTILES	KILL

G	P	F	G	S	N	L	S	R	E	E	I	K	L	P
E	T	E	N	E	E	W	T	E	F	E	F	K	B	U
N	K	H	I	L	T	A	S	V	I	Q	U	Q	W	R
T	S	J	H	P	T	Z	E	O	L	B	L	K	A	E
I	T	E	T	I	I	K	I	D	O	S	F	I	L	F
L	E	R	Y	C	R	K	R	E	T	O	I	L	F	F
E	H	U	R	S	W	I	P	D	D	N	L	L	O	U
S	P	S	E	I	L	L	F	N	E	O	L	D	S	S
T	O	A	V	D	K	L	E	A	S	F	E	E	R	R
W	R	L	E	C	O	E	I	H	I	M	D	Y	E	E
E	P	E	O	V	R	D	H	Y	A	A	S	A	H	D
L	A	M	K	T	X	X	C	Y	R	N	P	R	C	L
V	V	R	E	J	E	C	T	E	D	T	I	T	A	E
E	F	T	R	Y	A	D	D	R	I	H	T	E	E	F
G	O	L	F	I	N	S	U	L	T	C	M	B	T	D

(Answer on Page 45)

Jesus Raises Lazarus from the Grave

John 11:1-44

LAZARUS	LORD	RABBI	TOMB
SICK	DEATH	JEWS	FOUR DAYS
MARY	GOD'S GLORY	STONE YOU	JESUS WEPT
MARTHA	GOD'S SON	ASLEEP	ODOR
SISTERS	GLORIFIED	WAKE HIM UP	COME OUT
SENT WORD	JUDEA	BELIEVE	ALIVE

R	A	B	B	I	Z	O	K	L	Q	U	V	L	K	G
Y	R	O	L	G	S	D	O	G	O	O	I	M	G	R
H	D	G	E	N	C	W	F	Y	K	K	M	A	R	Y
T	R	L	G	D	V	J	E	S	U	S	W	E	P	T
U	O	O	O	Q	P	N	F	J	N	Z	A	A	S	R
O	L	R	D	N	O	E	D	F	H	J	I	E	Y	O
E	K	I	S	T	S	R	E	T	S	I	S	D	A	D
M	X	F	S	W	E	T	Z	L	S	T	I	U	D	O
O	K	I	O	D	B	V	H	O	S	H	M	J	R	H
C	Q	E	N	E	I	P	E	B	S	A	V	X	U	A
S	B	D	W	A	K	E	H	I	M	U	P	A	O	H
U	G	U	U	T	D	T	C	E	L	O	J	L	F	T
G	N	Z	D	H	J	K	X	O	V	E	T	I	L	R
E	L	E	Y	L	A	Z	A	R	U	S	B	V	K	A
H	S	D	R	O	W	T	N	E	S	A	Z	E	A	M

(Answer on Page 45)

The Upper Room & Gethsemane

Beginning of Jesus' Last Days

Matthew, Mark, Luke, John

FAITHFULNESS	PLOTS	KILL	JUDAS
LAST SUPPER	WASHING FEET	JUDAS BETRAYS	QUESTIONS
VINE AND BRANCHES	COMING SPIRIT	RESURRECTION	PRAYERS
PEACE	JESUS	DISCIPLES	ANSWERS
GETHSEMANE	AGONIZING	SWEAT	DROPS OF BLOOD
LET CUP	PASS FROM ME	NOT MY WILL	THY WILL BE DONE

V	G	E	R	J	J	E	S	U	S	W	E	A	T	T
I	W	L	E	L	A	S	T	S	U	P	P	E	R	H
N	P	A	S	S	F	R	O	M	M	E	N	W	J	Y
E	R	Q	U	E	S	T	I	O	N	S	Z	H	U	W
A	A	D	R	O	P	S	O	F	B	L	O	O	D	I
N	Y	K	R	Q	S	A	N	S	W	E	R	S	A	L
D	E	G	E	K	I	L	L	J	P	L	O	T	S	L
B	R	P	C	N	O	T	M	Y	W	I	L	L	B	B
R	S	E	T	Z	T	C	L	E	T	C	U	P	E	E
A	F	A	I	T	H	F	U	L	N	E	S	S	T	D
N	P	C	O	D	I	S	C	I	P	L	E	S	R	O
C	K	E	N	A	G	O	N	I	Z	I	N	G	A	N
H	D	G	E	T	H	E	S	E	M	A	N	E	Y	E
E	C	O	M	I	N	G	S	P	I	R	I	T	S	V
S	F	W	A	S	H	I	N	G	F	E	E	T	X	Q

(Answer on Page 46)

Jesus Prays for Us

John 17:15-21

PRAY	EVEN	SAKES	ARE IN ME
TAKE	SANCTIFY THEM	THEY	I IN THEE
WORLD	TRUTH	SANCTIFIED	ALSO
KEEP	WORD IS TRUTH	BELIEVE	MAY BE ONE
EVIL	SENT ME	ONE	WORLD MAY BELIEVE
NOT	SENT THEM	FATHER	

P	D	L	R	O	W	S	E	N	T	T	H	E	M	O
E	V	E	I	L	E	B	Y	A	M	D	L	R	O	W
E	O	I	E	E	E	H	T	N	I	I	N	Q	M	A
D	S	Y	S	J	Z	D	S	O	F	A	T	H	E	R
D	L	E	V	I	L	P	A	N	X	U	S	Q	N	H
K	A	J	L	A	D	N	E	V	E	D	K	T	O	D
K	W	N	Y	K	E	E	P	U	Y	E	T	V	T	V
Y	A	R	P	H	T	U	R	T	S	I	D	R	O	W
O	A	R	E	I	N	M	E	R	V	F	D	U	I	I
N	U	T	Y	Z	H	J	H	W	Q	I	I	Q	L	H
E	V	E	I	L	E	B	S	E	N	T	M	E	K	T
U	H	E	K	O	S	E	K	A	S	C	T	T	U	U
T	M	E	H	T	Y	F	I	T	C	N	A	S	P	R
L	U	X	Y	J	X	N	V	E	Z	A	K	T	T	T
W	E	N	O	E	B	Y	A	M	Q	S	E	R	A	W

(Answer on Page 46)

Jesus' Last Days

Matthew 24—27, Mark 13—15, Luke 19—23, John 11—19

ANOINTED	CRUCIFIXION	PETER	TEMPLE
ARRESTED	DEATH	PILATE	RESURRECTION
ASCENSION	DENIAL	MOUNT OF OLIVES	TOMB
BETHANY	GETHSEMANE	SABBATH	TRIUMPHAL ENTRY
BURIAL	MARY	SANHEDRIN	
CONTROVERSY	PASSOVER	SUFFERS	

Y	A	I	N	B	Y	Y	B	I	E	N	R	M	X	W
W	R	G	R	V	N	R	P	R	D	O	E	B	A	Y
M	R	E	Y	J	A	T	E	V	C	I	S	C	C	L
O	E	T	D	V	H	N	T	N	B	X	U	F	O	Y
U	S	H	E	P	T	E	E	A	G	I	R	H	N	R
N	T	S	N	A	E	L	R	N	X	F	R	T	T	A
T	E	E	I	S	B	A	H	O	R	I	E	A	R	M
O	D	M	A	S	B	H	T	I	Y	C	C	B	O	O
F	N	A	L	O	M	P	A	N	V	U	T	B	V	B
O	W	N	T	V	O	M	E	T	D	R	I	A	E	U
L	S	E	V	E	T	U	D	E	Y	C	O	S	R	R
I	A	D	U	R	N	I	R	D	E	H	N	A	S	I
V	S	U	F	F	E	R	S	J	N	Y	O	P	Y	A
E	Z	P	I	L	A	T	E	M	P	L	E	X	P	L
S	O	J	J	N	O	I	S	N	E	C	S	A	R	U

(Answer on Page 46)

Jesus' Arrest & Crucifixion

John 18:2—19:30

JUDAS BETRAYED
SOLDIERS
SIMON PETER
ARRESTED
PETER'S DENIAL
HIGH PRIEST
SYNAGOGUES

STRUCK JESUS
CAIAPHAS
ROOSTER CROWED
PILATE
BARABBAS
FLOGGED

CROWN OF THORNS
CRUCIFY
CROSS
GOLGOTHA
JESUS OF NAZARETH
KING OF THE JEWS

JESUS' MOTHER
MARY
JOHN
IT IS FINISHED
DIED

J	U	D	A	S	B	E	T	R	A	Y	E	D	P	K
D	E	T	S	E	R	R	A	P	I	L	A	T	E	I
U	S	S	T	S	E	I	R	P	H	G	I	H	T	N
I	U	O	U	B	S	A	H	P	A	I	A	C	E	G
T	X	S	U	S	E	J	K	C	U	R	T	S	R	O
I	R	E	H	T	O	M	S	U	S	E	J	Y	S	F
S	N	R	O	H	T	F	O	N	W	O	R	C	D	T
F	L	O	G	G	E	D	N	X	H	A	A	R	E	H
I	Y	F	I	C	U	R	C	A	M	O	Z	O	N	E
N	S	R	E	I	D	L	O	S	Z	V	J	S	I	J
I	W	T	K	S	A	B	B	A	R	A	B	S	A	E
S	Y	N	A	G	O	G	U	E	S	D	R	A	L	W
H	N	R	G	O	L	G	O	T	H	A	E	E	I	S
E	S	I	M	O	N	P	E	T	E	R	T	I	T	V
D	E	W	O	R	C	R	E	T	S	O	O	R	D	H

(Answer on Page 46)

Jesus' Burial and Resurrection

John 19:31—20:10

JOSEPH
ARIMATHEA
BODY OF JESUS
SECRET DISCIPLE
FEARED JEWS
NICODEMUS
MYRRH
ALOES
JESUS' BODY
WRAPPED
SPICES
STRIPS OF LINEN
NEW TOMB
LAID JESUS THERE
THREE DAYS
MARY MAGDALENE
STONE REMOVED
TAKEN THE LORD
DISCIPLES RAN
TOMB WAS EMPTY
ANGELS
RABBONI
HAVE SEEN THE LORD

D	R	O	L	E	H	T	N	E	E	S	E	V	A	H
T	A	K	E	N	T	H	E	L	O	R	D	U	S	A
M	A	R	Y	M	A	G	D	A	L	E	N	E	T	Y
E	E	D	E	P	P	A	R	W	V	X	C	N	R	T
T	H	J	O	S	E	P	H	O	J	R	I	B	I	P
H	T	A	L	O	E	S	M	E	E	C	S	M	P	M
R	A	U	J	A	L	E	S	T	O	P	Y	O	S	E
E	M	K	A	E	R	U	D	D	I	R	U	T	O	S
E	I	W	G	E	S	I	E	C	R	N	V	W	F	A
D	R	N	N	B	S	M	E	H	Y	U	W	E	L	W
A	A	O	O	C	U	S	R	A	B	B	O	N	I	B
Y	T	D	I	S	C	I	P	L	E	S	R	A	N	M
S	Y	P	S	W	E	J	D	E	R	A	E	F	E	O
J	L	S	U	S	E	J	F	O	Y	D	O	B	N	T
E	R	E	H	T	S	U	S	E	J	D	I	A	L	O

(Answer on Page 46)

Jesus Appears to the Disciples

John 20:19—21:25

DISCIPLES
DOORS LOCKED
FEARED JEWS
JESUS
STOOD AMONG THEM
PEACE
SHOWED HANDS
SHOWED SIDE
OVERJOYED
SAW THE LORD
FATHER SENT ME
I SEND YOU
RECEIVE
HOLY SPIRIT
FORGIVE SINS
THOMAS
SEE NAIL MARKS
WILL NOT BELIEVE
PUT FINGER HERE
STOP DOUBTING
MY LORD
MY GOD
MIRACULOUS SIGNS
BELIEVE

M	E	H	T	G	N	O	M	A	D	O	O	T	S	E
I	X	X	I	R	D	M	O	F	R	E	E	I	S	V
R	S	W	S	S	R	Y	V	E	O	P	D	R	N	E
A	T	D	E	G	O	G	E	A	L	U	I	I	I	I
C	O	P	N	S	L	O	R	R	Y	T	S	P	S	L
U	P	E	D	A	E	D	J	E	M	F	D	S	E	E
L	D	A	Y	M	H	X	O	D	I	I	E	Y	V	B
O	O	C	O	O	T	D	Y	J	E	N	W	L	I	T
U	U	E	U	H	W	U	E	E	C	G	O	O	G	O
S	B	V	A	T	A	Z	D	W	Y	E	H	H	R	N
S	T	I	S	U	S	E	J	S	O	R	S	M	O	L
I	I	E	M	T	N	E	S	R	E	H	T	A	F	L
G	N	C	D	I	S	C	I	P	L	E	S	R	S	I
N	G	E	D	E	K	C	O	L	S	R	O	O	D	W
S	K	R	A	M	L	I	A	N	E	E	S	E	L	H

(Answer on Page 46)

The Great Commission

Matthew 28:16-20

ELEVEN
DISCIPLES
GALILEE
MOUNTAIN
JESUS
TOLD THEM TO GO
SAW JESUS
WORSHIPED
SOME DOUBTED
GO
MAKE DISCIPLES
ALL NATIONS
BAPTIZING THEM
NAME OF THE FATHER
NAME OF SON
HOLY SPIRIT
TEACHING THEM
OBEY EVERYTHING
I COMMANDED YOU
I AM WITH YOU
ALWAYS
END OF THE AGE

R	U	O	Y	D	E	D	N	A	M	M	O	C	I	T
M	E	H	T	G	N	I	H	C	A	E	T	B	V	O
M	U	H	P	N	A	G	S	C	N	I	A	Q	B	L
W	A	R	T	T	O	A	A	D	W	P	G	E	J	D
A	S	K	N	A	W	S	O	L	T	Z	Y	O	H	T
R	L	U	E	J	F	F	F	I	I	E	P	O	U	H
W	O	L	E	D	T	E	Z	O	V	L	L	W	O	E
M	O	S	N	H	I	I	H	E	E	Y	E	A	Y	M
E	U	R	E	A	N	S	R	T	S	M	L	E	H	T
S	L	A	S	G	T	Y	C	P	F	W	A	Z	T	O
X	G	E	T	H	T	I	I	I	A	O	J	N	I	G
E	X	H	V	H	I	R	O	Y	P	S	E	F	W	O
W	E	Y	I	E	I	P	S	N	D	L	U	M	M	N
M	Y	N	X	T	N	V	E	F	S	E	E	N	A	R
Y	G	D	E	T	B	U	O	D	E	M	O	S	I	N

(Answer on Page 47)

The Ascension
Luke 24:44-53

JESUS	PSALMS	RISE FROM DEAD	WITNESSES
DISCIPLES	OPENED MINDS	THIRD DAY	SEND YOU
EVERYTHING	UNDERSTAND	REPENTANCE	FATHER
FULFILLED	SCRIPTURES	FORGIVENESS	PROMISED
LAW OF MOSES	CHRIST	PREACHED	STAY UNTIL
PROPHETS	WILL SUFFER	ALL NATIONS	POWER

R	E	P	E	N	T	A	N	C	E	I	J	U	W	S
I	E	L	I	T	N	U	Y	A	T	S	P	N	I	D
S	S	F	A	P	S	A	L	M	S	C	R	D	T	N
E	E	E	F	W	R	I	Z	E	V	R	E	E	N	I
F	T	L	N	U	O	K	R	L	B	I	A	R	E	M
R	P	F	P	D	S	F	T	H	L	P	C	S	S	D
O	R	A	P	I	Y	L	M	H	C	T	H	T	S	E
M	O	T	R	O	C	O	L	O	I	U	E	A	E	N
D	M	H	O	H	W	S	U	I	S	R	D	N	S	E
E	I	E	P	E	U	E	I	C	W	E	D	D	G	P
A	S	R	H	S	L	Z	R	D	O	S	S	D	P	O
D	E	V	E	R	Y	T	H	I	N	G	S	Y	A	V
E	D	J	T	S	N	O	I	T	A	N	L	L	A	Y
Q	Y	G	S	Q	F	U	L	F	I	L	L	E	D	O
F	O	R	G	I	V	E	N	E	S	S	I	Z	O	Y

(Answer on Page 47)

Prominent Men of the New Testament

AGRIPPA	CORNELIUS	LUKE	STEPHEN
APOLLOS	FELIX	MARK	TIMOTHY
AQUILA	GAIUS	NICODEMUS	TITUS
BARNABAS	JOHN THE BAPTIST	PAUL	ZACHARIAS
BARTIMAEUS	JOSEPH	PHILIP	ZEBEDEE
CAESAR	LAZARUS	SIMON	

S	U	I	A	G	J	M	B	P	R	V	V	B	V	E
N	R	A	S	E	A	C	H	S	A	A	A	C	G	K
C	E	M	O	R	S	I	U	E	Y	R	O	Z	I	U
H	Y	C	K	W	L	M	E	N	T	R	A	T	L	L
P	H	L	K	I	E	D	E	I	N	C	K	I	A	P
E	T	D	P	D	E	H	M	E	H	L	R	T	Z	A
S	O	N	O	B	P	A	L	A	F	W	N	U	A	P
O	M	C	E	E	E	I	R	B	E	U	O	S	R	P
J	I	Z	T	U	U	I	I	A	L	R	M	X	U	I
N	T	S	S	S	A	D	V	R	I	M	I	F	S	R
W	O	J	E	S	M	H	J	N	X	J	S	D	I	G
J	O	H	N	T	H	E	B	A	P	T	I	S	T	A
G	Q	A	D	Q	S	S	B	B	A	O	P	K	X	O
T	S	O	L	L	O	P	A	A	L	I	U	Q	A	T
W	V	P	F	P	A	U	L	S	G	P	I	Q	H	P

(Answer on Page 47)

Jesus Taken into Heaven

Acts 1

JESUS	ALIVE	FATHER PROMISED	RECEIVE
HEAVEN	APPEARED	BAPTIZED	POWER
APOSTLES	FORTY DAYS	HOLY SPIRIT	BE WITNESSES
SHOWED HIMSELF	KINGDOM OF GOD	RESTORE KINGDOM	GONE
CONVINCING	WAIT	AUTHORITY	TO HEAVEN
PROOFS	FOR THE GIFT		

M	R	S	H	O	W	E	D	H	I	M	S	E	L	F
S	O	E	L	G	I	N	E	F	W	H	Y	C	H	B
E	W	D	W	B	A	J	V	A	Z	O	A	O	S	K
S	N	S	G	O	V	J	I	T	A	L	D	N	E	I
S	S	O	W	N	P	T	L	H	Q	Y	Y	V	L	N
E	F	T	G	T	I	B	A	E	M	S	T	I	T	G
N	O	Y	T	F	A	K	A	R	P	P	R	N	S	D
T	O	T	O	I	P	R	E	P	N	I	O	C	O	O
I	R	I	H	G	P	E	V	R	T	R	F	I	P	M
W	P	R	E	E	E	V	K	O	O	I	T	N	A	O
E	P	O	A	H	A	I	T	M	X	T	Z	G	W	F
B	S	H	V	T	R	E	J	I	P	X	S	E	H	G
F	J	T	E	R	E	C	I	S	A	W	V	E	D	O
S	S	U	N	O	D	E	H	E	A	V	E	N	R	D
V	Q	A	P	F	K	R	V	D	J	E	S	U	S	S

(Answer on Page 47)

Holy Spirit Comes at Pentecost

Acts 2

PENTECOST
ONE PLACE
TOGETHER
SOUND
BLOWING
VIOLENT WIND
FROM HEAVEN
FILLED HOUSE
SAW
TONGUES OF FIRE
RESTED ON EACH
FILLED
SPIRIT
JERUSALEM
JEWS
EVERY NATION
CROWD CAME
EACH HEARD
IN OWN LANGUAGE
PETER
PREACHED
JESUS YOU KILLED
LORD AND CHRIST

T	S	I	R	H	C	D	N	A	D	R	O	L	D	D
O	D	F	I	L	L	E	D	H	O	U	S	E	T	R
J	P	R	E	A	C	H	E	D	P	N	L	O	C	E
E	O	N	E	P	L	A	C	E	O	L	N	R	G	S
R	S	A	W	S	R	D	N	I	I	G	O	A	D	T
U	B	K	C	E	E	T	T	K	U	W	U	B	R	E
S	R	K	T	L	E	A	U	E	D	G	T	L	A	D
A	G	E	L	C	N	O	S	C	N	I	I	O	E	O
L	P	I	O	Y	Y	O	A	A	U	P	R	W	H	N
E	F	S	R	S	F	M	L	Q	O	X	I	I	H	E
M	T	E	U	F	E	N	H	Z	S	J	P	N	C	A
P	V	S	I	X	W	W	F	X	B	Z	S	G	A	C
E	E	R	J	O	R	E	H	T	E	G	O	T	E	H
J	E	S	N	N	E	V	A	E	H	M	O	R	F	Y
D	N	I	W	T	N	E	L	O	I	V	J	E	W	S

(Answer on Page 47)

Peter Heals the Crippled Beggar

Acts 3:1-16

PETER	BEG	INSTANTLY	ASTONISHED
JOHN	NO SILVER OR GOLD	JUMPED	CAME RUNNING
TEMPLE	WALK	WALKED	COLONNADE
PRAYER	FEET	PRAISING GOD	BY FAITH
CRIPPLED MAN	ANKLES	WONDER	NAME OF JESUS
BEAUTIFUL	BECAME STRONG	AMAZEMENT	COMPLETE HEALING

E	U	N	D	C	R	I	P	P	L	E	D	M	A	N
L	U	T	R	A	M	A	Z	E	M	E	N	T	Z	W
P	K	L	A	W	I	N	S	T	A	N	T	L	Y	O
M	K	X	Q	D	E	K	L	A	W	F	E	E	T	N
E	H	T	I	A	F	Y	B	D	E	P	M	U	J	D
T	L	U	F	I	T	U	A	E	B	H	I	U	O	E
S	I	S	A	S	T	O	N	I	S	H	E	D	H	R
E	F	S	U	S	E	J	F	O	E	M	A	N	N	X
L	R	P	D	C	O	L	O	N	N	A	D	E	B	U
K	I	P	G	P	R	A	I	S	I	N	G	G	O	D
N	P	E	T	E	R	W	P	R	A	Y	E	R	E	F
A	N	O	S	I	L	V	E	R	O	R	G	O	L	D
G	N	O	R	T	S	E	M	A	C	E	B	B	E	G
G	N	I	L	A	E	H	E	T	E	L	P	M	O	C
O	X	U	G	N	I	N	N	U	R	E	M	A	C	D

(Answer on Page 47)

Prominent Women of the New Testament

ANNA	EUNICE	MARTHA	PILATES WIFE
APPHIA	EUODIA	MARY	PRISCILLA
BENT WOMAN	HERODIAS	MARY MAGDALENE	RHODA
CHLOE	JOANNA	LOIS	SALOME
DORCAS	LYDIA	NYMPHO	SAPPHIRA
ELIZABETH	LUNIA	PHOEBE	SYROPHOENICIAN

V	B	E	N	T	W	O	M	A	N	K	A	S	G	E
N	O	A	S	O	R	H	O	D	A	D	I	H	N	R
E	A	I	D	Y	L	B	A	I	D	O	U	E	M	B
L	Y	I	X	A	Q	U	M	G	L	Z	L	B	Y	P
I	O	G	C	U	Y	A	N	K	N	A	W	I	O	R
Z	R	H	K	I	R	S	A	I	D	O	R	E	H	I
A	R	W	P	T	N	E	P	G	A	B	M	A	A	S
B	M	D	H	M	C	E	A	X	U	K	N	S	N	C
E	A	A	X	I	Y	M	O	C	E	N	B	A	N	I
T	R	F	N	L	Y	N	G	H	A	B	R	C	A	L
H	Y	U	V	R	A	S	S	F	P	V	E	R	O	L
J	E	B	A	A	I	H	P	P	A	O	T	O	J	A
H	H	M	E	M	O	L	A	S	T	Z	R	D	H	O
P	I	L	A	T	E	S	W	I	F	E	H	Y	J	P
C	H	L	O	E	J	A	R	I	H	P	P	A	S	O

(Answer on Page 48)

The Love Chapter
1 Corinthians 13:1-13

LOVE	HAVE NOT LOVE	DOES NOT ENVY	HOPES
INDISPENSABLE	CLANGING CYMBAL	NO BOASTING	PERSEVERES
EXCELLENT	GIFT OF PROPHECY	NOT PROUD	LOVE NEVER FAILS
WAY	ALL KNOWLEDGE	REJOICES IN TRUTH	FAITH
SPEAK	PATIENT	PROTECTS	HOPE
ANGELIC TONGUE	KIND	TRUSTS	LOVE IS GREATEST

W	E	E	U	G	N	O	T	C	I	L	E	G	N	A
A	Y	C	E	H	P	O	R	P	F	O	T	F	I	G
Y	D	O	E	S	N	O	T	E	N	V	Y	K	M	N
H	A	V	E	N	O	T	L	O	V	E	W	I	Y	I
T	E	L	B	A	S	N	E	P	S	I	D	N	I	T
I	R	E	T	N	E	I	T	A	P	S	T	D	K	S
A	L	L	K	N	O	W	L	E	D	G	E	W	A	A
F	N	O	T	P	R	O	U	D	U	R	R	E	E	O
E	V	O	L	E	X	C	E	L	L	E	N	T	P	B
L	O	V	E	N	E	V	E	R	F	A	I	L	S	O
S	T	C	E	T	O	R	P	F	V	T	M	A	H	N
E	P	O	H	P	E	R	S	E	V	E	R	E	S	E
H	H	S	T	S	U	R	T	L	T	S	E	P	O	H
R	E	J	O	I	C	E	S	I	N	T	R	U	T	H
C	L	A	N	G	I	N	G	C	Y	M	B	A	L	O

(Answer on Page 48)

Journey with Paul

Damascus to Rome

ANTIOCH	DERBE	MALTA	SELUCIA
ATHENS	EPHESUS	PAPHOS	SMYRNA
CAESAREA	GALATIA	PERGAMUM	TARSUS
CORINTH	ICONIUM	PHILIPPI	TROAS
CYPRESS	LYSTRA	PHRYGIA	THESSALONICA
DAMASCUS	MACEDONIA	ROME	TYRE

V	O	V	A	P	H	I	L	I	P	P	I	O	E	Q
A	M	W	T	T	E	R	Y	T	O	P	O	Q	P	K
I	S	U	F	H	H	O	R	S	A	D	O	I	H	G
G	S	E	M	D	E	E	K	O	O	R	Z	S	E	U
Y	E	A	B	A	A	S	N	A	M	H	S	Y	S	L
R	R	N	S	R	G	M	S	S	I	E	P	U	U	J
H	P	T	E	A	E	R	A	A	U	T	M	A	S	T
P	Y	I	L	U	E	D	E	S	L	A	A	W	P	H
T	C	O	U	G	G	R	M	P	C	O	U	L	N	U
R	Z	C	C	Q	F	U	A	E	A	U	N	Q	A	Y
O	K	H	I	R	I	R	D	S	V	N	S	I	I	G
A	V	R	A	N	P	O	W	U	E	S	R	U	C	G
S	A	Z	O	Z	N	W	A	T	L	A	M	Y	R	A
A	W	C	Q	I	H	T	N	I	R	O	C	O	M	U
P	I	V	A	N	A	R	T	S	Y	L	F	A	T	S

(Answer on Page 48)

The Revelation of Jesus Christ through John

Revelation 1:1—3:22

REVELATION	TAKE HEART	ALPHA	SMYRNA
UNVEILING	TIME IS NEAR	OMEGA	PERGAMUM
SERVANTS	GRACE	LORD	THYATIRA
TESTIFIES	PEACE	ALMIGHTY	SARDIS
BLESSED	CLOUDS	PATMOS	PHILADELPHIA
PROPHECY	EVERY EYE WILL SEE	EPHESUS	LAODICEA

E	D	S	N	T	E	S	T	I	F	I	E	S	N	L
C	E	R	M	D	S	T	N	A	V	R	E	S	R	A
A	L	S	O	Y	A	I	O	A	H	P	L	A	J	I
E	I	O	L	L	R	W	I	E	L	F	E	R	W	G
C	V	B	U	L	D	N	T	E	M	N	Q	I	S	T
I	A	M	N	D	I	Y	A	T	S	T	I	T	R	D
D	L	U	V	V	S	W	L	I	N	H	F	A	D	E
O	M	M	E	T	W	O	E	S	M	S	E	Y	S	S
A	I	A	I	X	V	M	V	Y	U	H	D	H	O	S
L	G	G	L	G	I	E	E	V	E	S	G	T	M	E
P	H	R	I	T	I	G	R	K	Y	Y	E	T	T	L
E	T	E	N	D	N	A	A	Z	M	C	R	H	A	B
A	Y	P	G	R	G	T	E	C	A	R	G	E	P	S
C	Y	C	E	H	P	O	R	P	K	E	Z	M	V	E
E	L	P	H	I	L	A	D	E	L	P	H	I	A	E

(Answer on Page 48)

Page 2

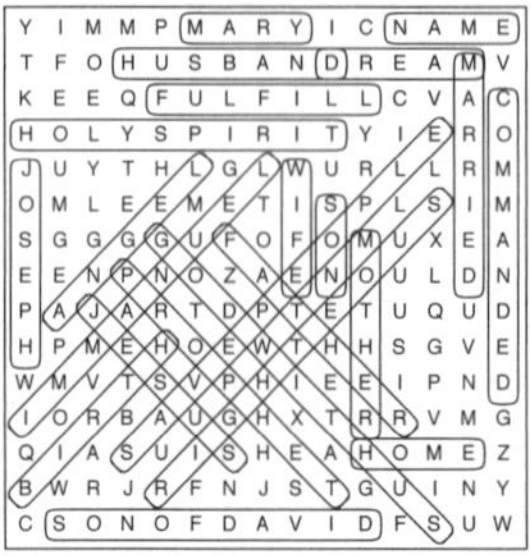

Page 3

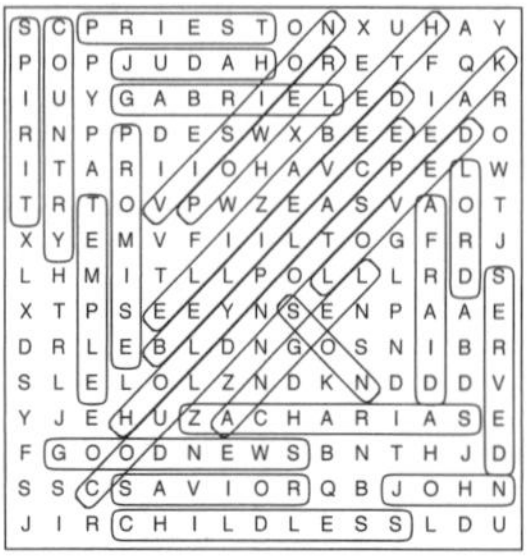

Page 4

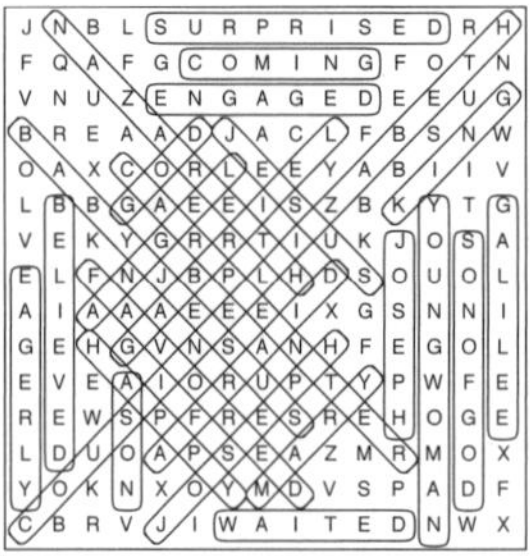

Page 5

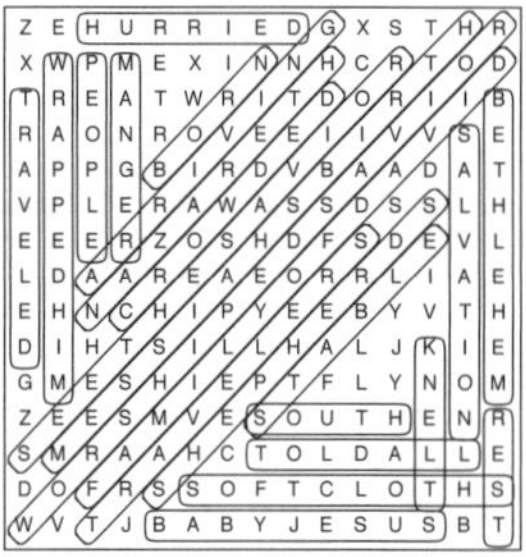

Page 6

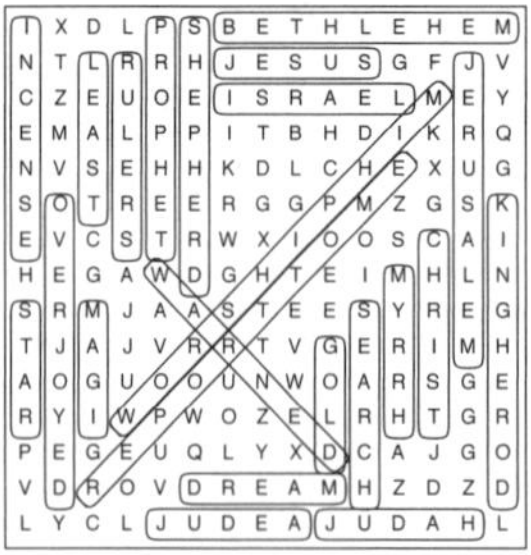

Page 7

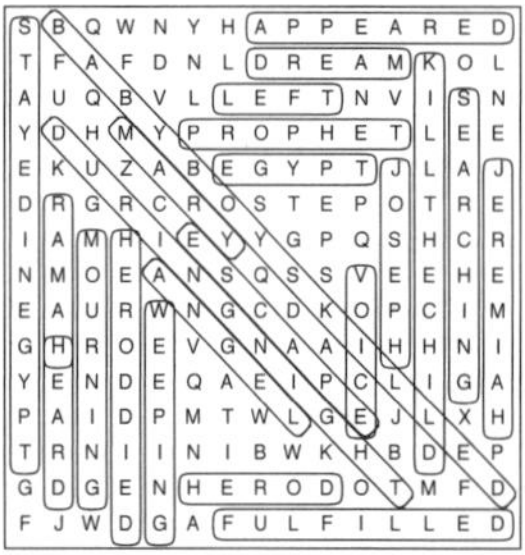

Page 8

```
P D E I D D O R E H N A E V T
D J E M R M Q J T I N P W S A
I U L P I G C A D O A P L T K
A W I J G V K D O G Z E F E E
R L L P P E J E R O A A U H M
F M A A C F U L E N R R L P O
A N G H L Q D L H A E E F O T
B Q I J I H E A F Z N D I R H
R L L C O A A C O A E I L P E
D A V K R K J S N R H N L W R
Z H N S Y V O U O E X D E P H
F L I G K G S S S T M R D B M
U P U T E G E E Q H D E J Y I
R V P F L L P J L N A A R E F
Y W R A R A H U F Q X M G D F
```

Page 9

```
H U N T I N G F O R J E S U S
E V J T E M P L E D T E E M S
N F O H P J Y V E S M L L N K
S I S T S A O Z O O P A O R J
C R E L L S I L H M S I O E E
R S P P S R S D E P T W V A R
I T H A O U E T D S S L P D U
P T P M S T N E E D E U R A S
T I E E R I I U O W H R O N A
U M J A D D Q G T Z L U P D L
R E T N U D Z Y A E U N H W E
E S U T E C A R P E N T E R M
B O S K D C I K W O R K T I D
F C S Y N A G O G U E S S T B
B A C K T O J E R U S A L E M
```

Page 10

```
R P B A P T I Z E M E N O W D
J E N H B A P T I Z I N G L H
N E T L B E L O V E D S O N J
D P S S E G G S P E I S S T O
O L D U D F N R S E R E Y O R
V N A D S E T A E A N G O B D
E O Y M V B E N E A N E N A A
C L I A B L A Y A I T A D P N
A M E C P O Y P H Z L E E T R
M H J L E T F C T P A L R I I
E E L E R S A G S I P R C Z V
N E R I S E A D O O Z J E E E
W O H X R U O I E D N E O T R
E T P P F G S P D Q E R D H H
S H T A K E S A W A Y S I N N
```

Page 11

```
I C A R E F O R N E E D S K Y
T W I L D E R N E S S F H B I
U F A T H E R O O Z O N F D Y
C O M M A N D E Y O O P A K T
S T O N E S T U R I P W I Z R
T R U S T G O D T J N O L F U
T H E W O G S A A E C R E O S
H U R C J W T A C S F D D R T
I R T D U P U V F U F O L T E
N E U R M U J Z P S Q F I Y D
K F Z E P P R A Y I N G A D W
I U T P O W E R B M F O V A E
N S G W F B R E A D R D I Y A
G E O H F Y H U N G R Y I S K
K D D Q T E M P T E R N R F Z
```

Page 12

```
W E N C B A R T H O L O M E W
E V P P R E A C H S E L X O E
H B I S E L T S O P A K X R R
T N L Y T I R O H T U A Z W D
T H I S U T H A D D A E U S N
A O H A K T G P R A Y I N G A
M J P M A O O P F T W E L V E
A S N O M E D T U O E V I R D
S E M H R E T E P N O M I S I
E D E T N I O P P A Y A R K M
M P J A M E S A L P H A E U S
A R A F D I S N I A T N U O M
J U D A S I S C A R I O T A H
Y T O L A E Z N O M I S X S L
P J E S U S D I S C I P L E S
```

Page 13

```
I K H B P U R E I N H E A R T
R N I Q A W E H U N G E R Y U
M I H P O O R I N S P I R I T
O E G E P E A C E M A K E R S
U I R H R M C O M F O R T E D
N X V C T I E R B R X T A H F
T N K E I E T R O U J H U B I
A M E E K F O T C W T I G L L
I M O U R N U U H Y D R H E L
N S E E G O D L S E O S T S E
D I S C I P L E S N E T R S D
K I N G D O M O F H E A V E N
B E A T I T U D E S V S R D S
W I P E R S E C U T E D S T L
C H I L D R E N O F G O D A H
```

Page 14

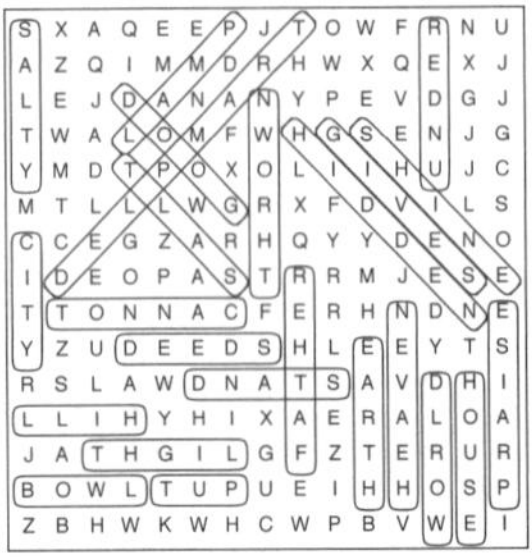

Page 15

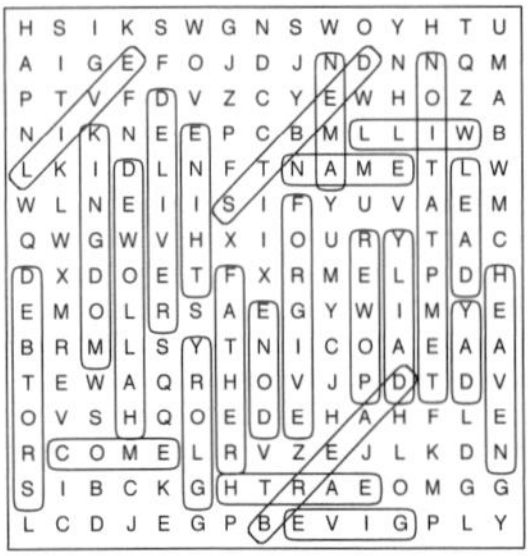

Page 16

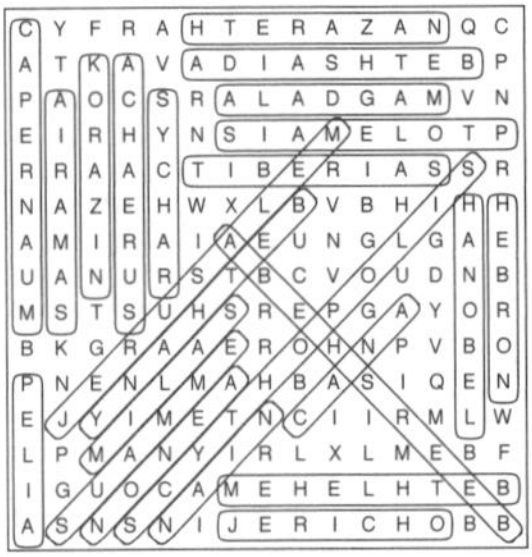

Page 17

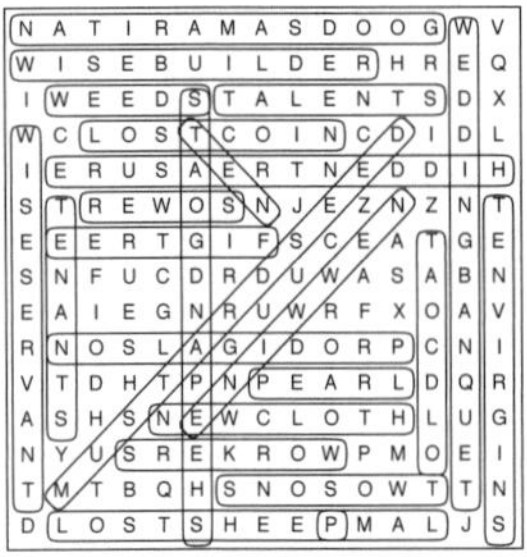

Page 18

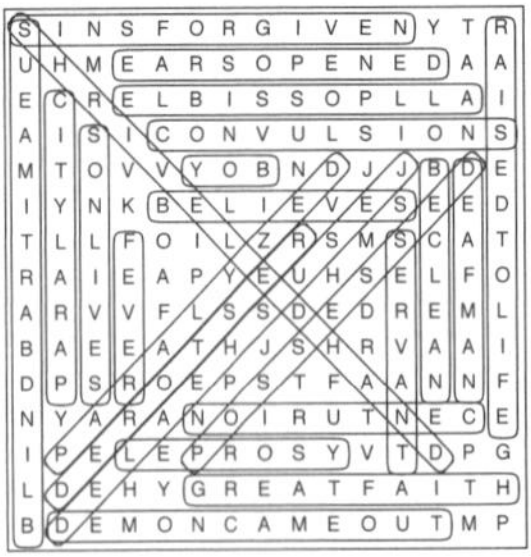

Page 19

Page 20

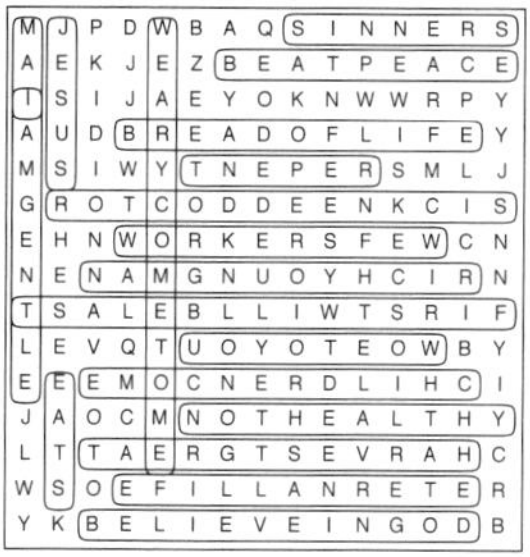

Page 21

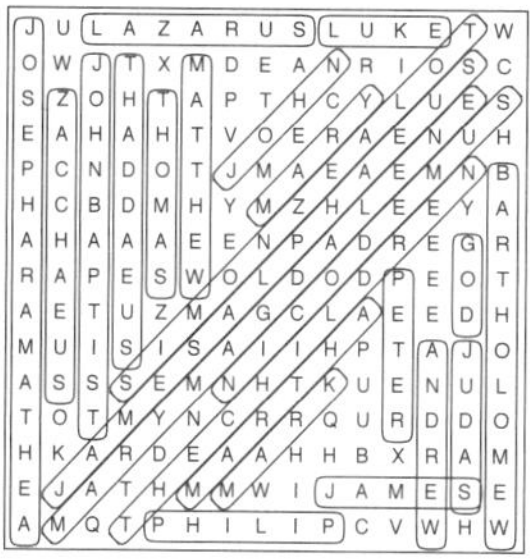

Page 22

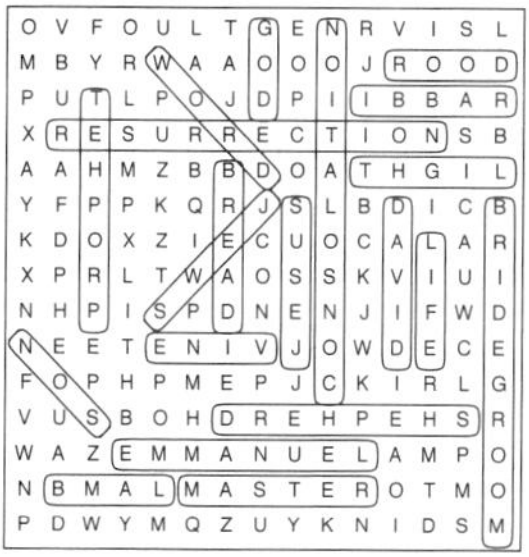

Page 23

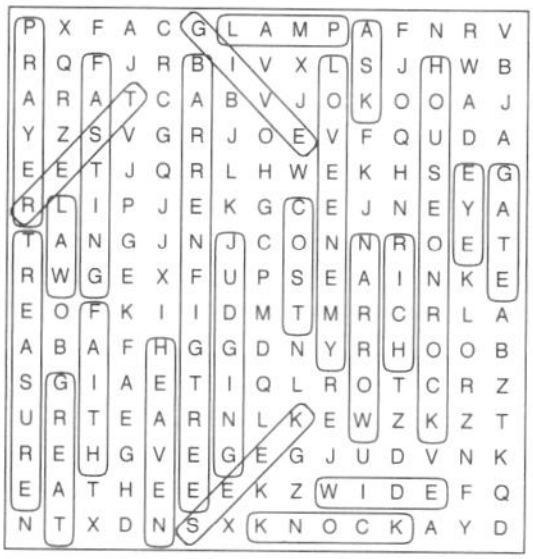

Page 24

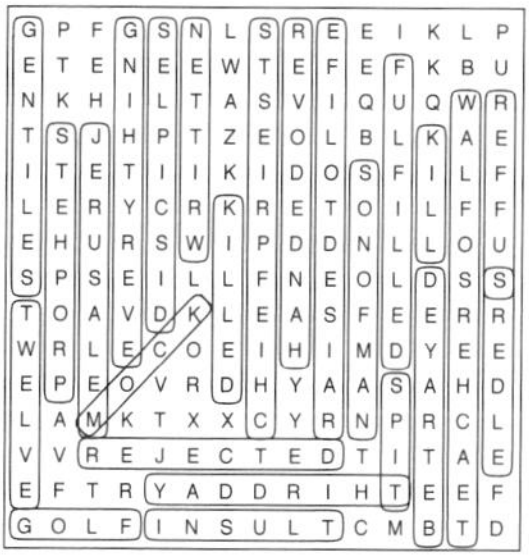

Page 25

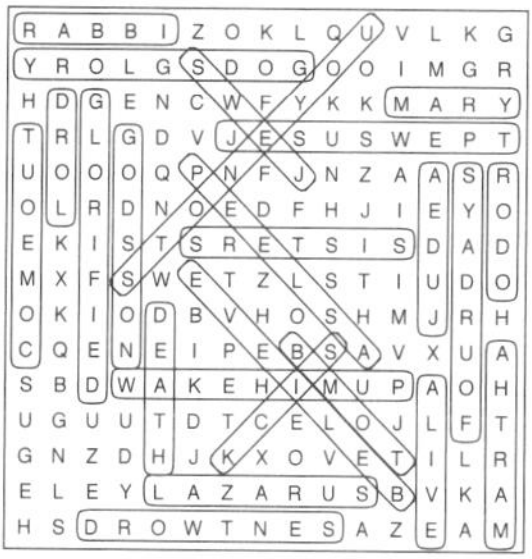

Page 26

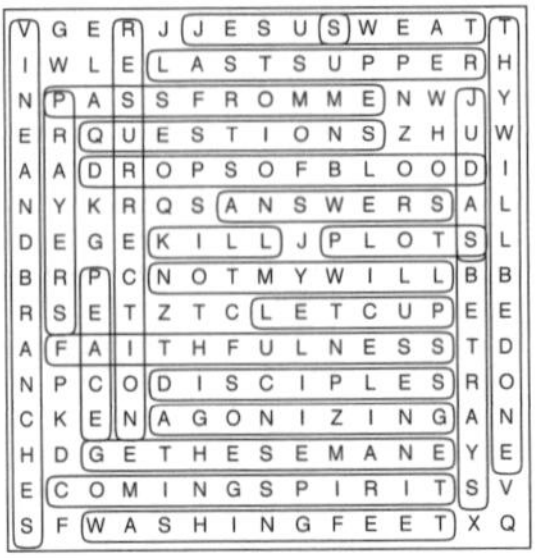

Page 27

Page 28

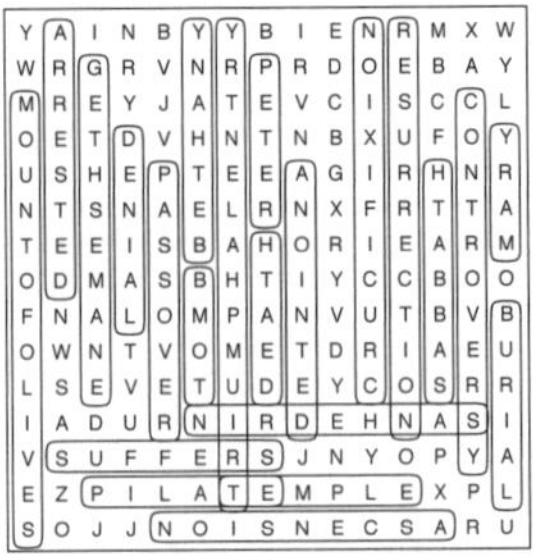

Page 29

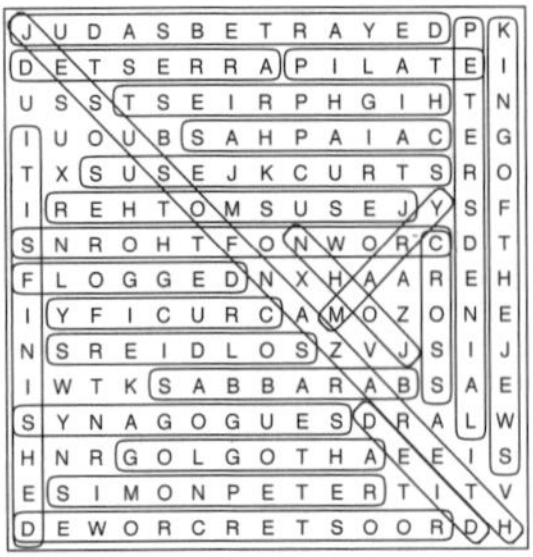

Page 30

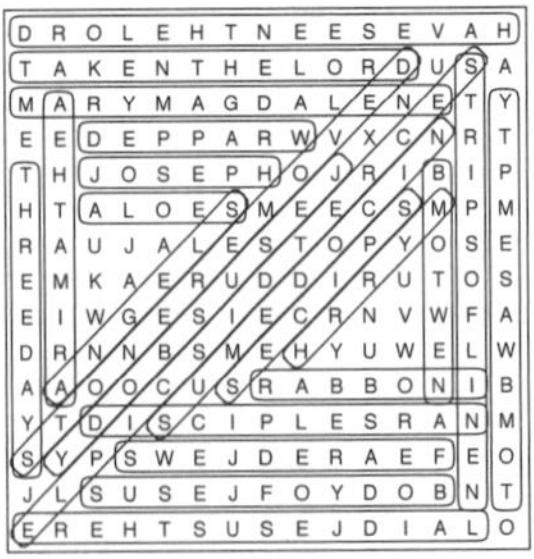

Page 31

Page 32

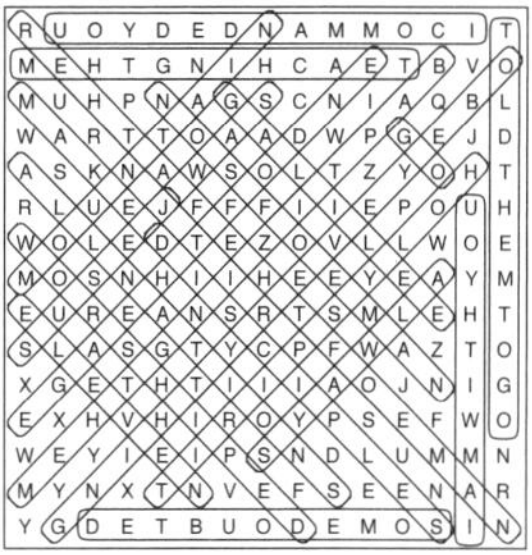

Page 33

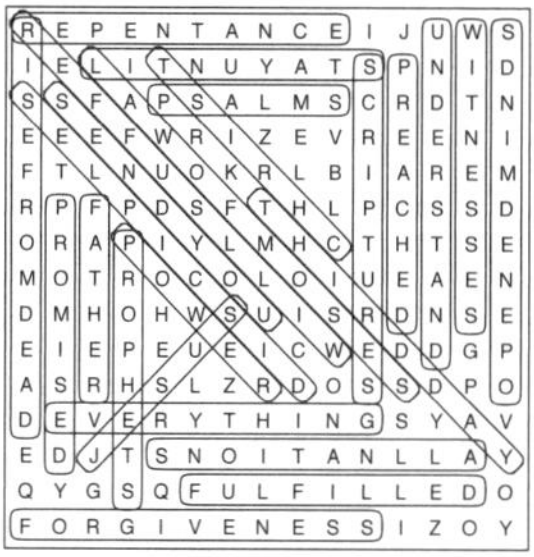

Page 34

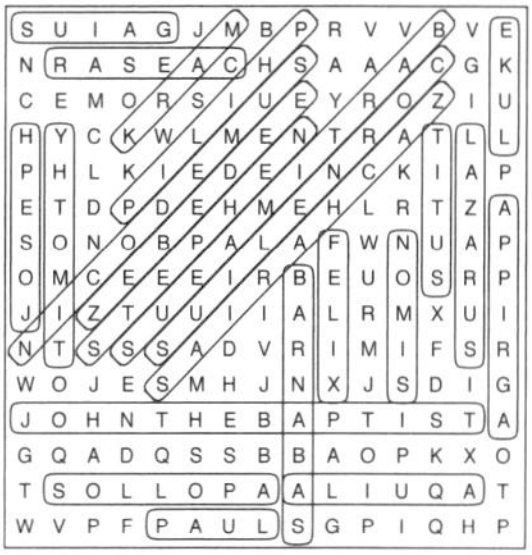

Page 35

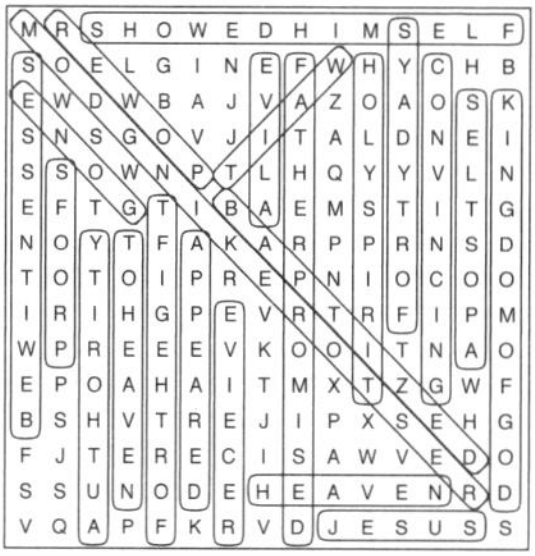

Page 36

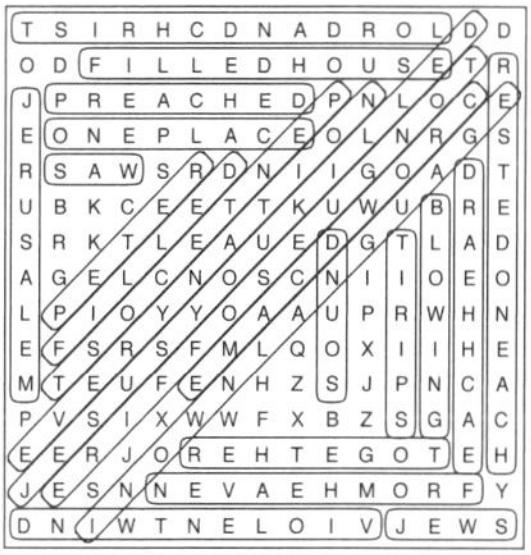

Page 37

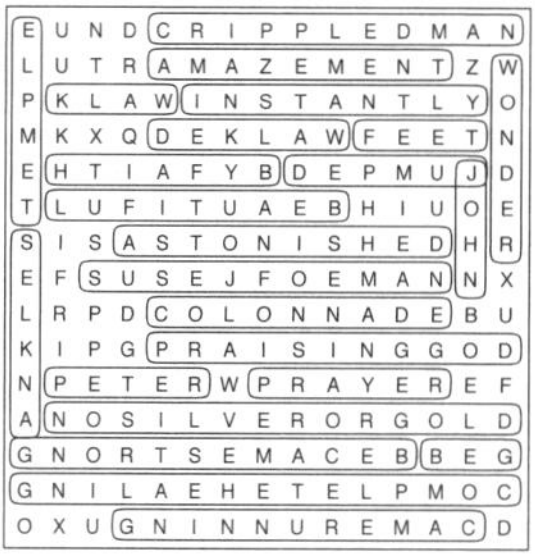

Page 38

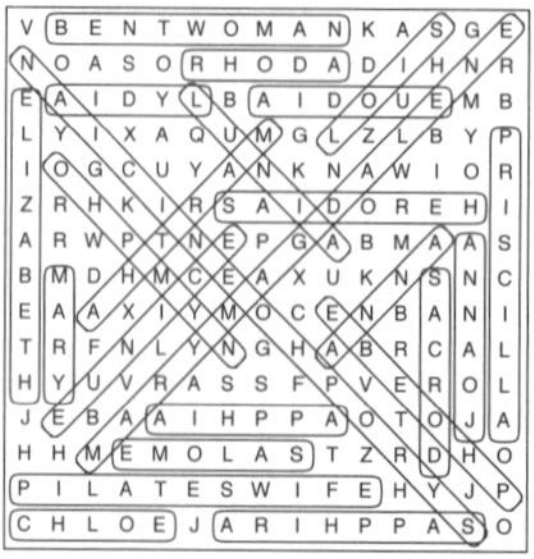

Page 39

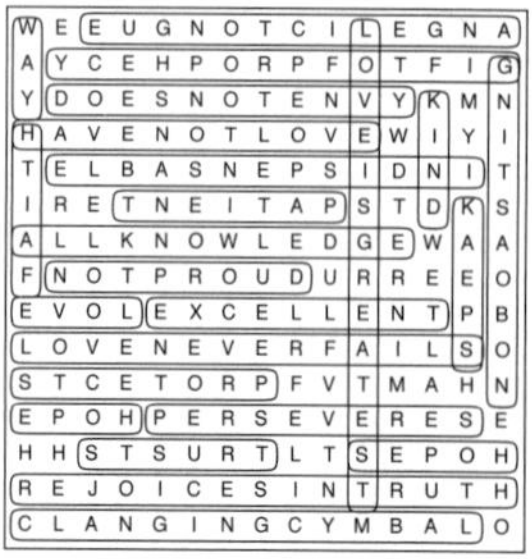

Page 40

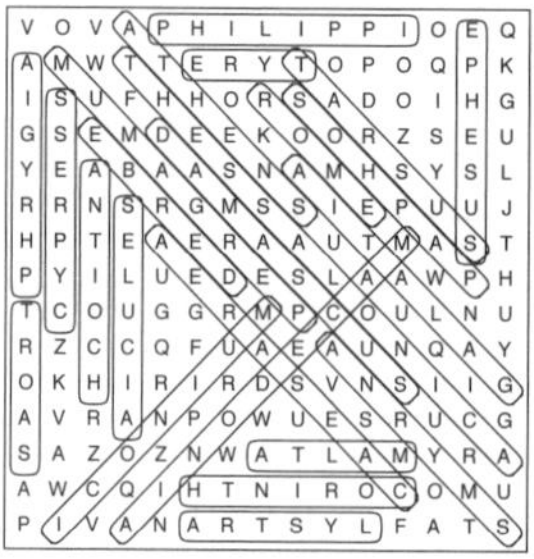

Page 41

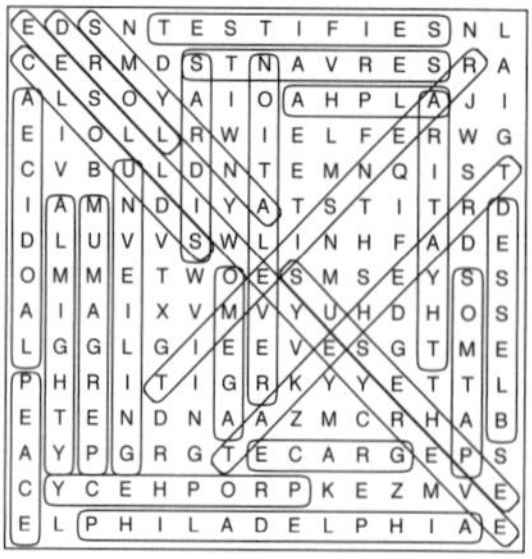